Inhalt

Einleitung 1

52 Wochen für die Liebe 3

1. Back to the roots 5

2. Gemeinsame Erinnerungen 7

3. Ein Spaziergang im Wald 9

4. Der Liebesbrief 11

5. Date zu Hause 13

6. E-Mail für dich 15

7. Digital Detox 17

8. Das Lieblingshobby 19

9. Die Massage 21

10. Zusammen ins Bett 23

11. Das Aufgeschobene 25

12. Das Team 27

13. Ohne Kritik 29

14. Etwas erschaffen 31

15. Keine Termine 33
16. Spontan sein 35
17. Ziele setzen 37
18. Etwas Kreatives 39
19. Sozial sein 41
20. Die eigene Stadt erkunden 43
21. Kindheitserinnerungen 45
22. Ausspannen 47
23. Sterne beobachten 49
24. Leben schaffen 51
25. Füreinander Bestellen 53
26. Für ein Sport-Event anmelden 55
27. Rollentausch 57
28. Für einen Kurs anmelden 59
29. Sexuelle Träume 61
30. Rituale schaffen 63
31. Ein Buch lesen 65
32. Einen Serienmarathon starten 67
33. Eine Playlist zusammenstellen 69
34. Der Trödelmarkt 71

35. Der Adrenalin-Kick 73
36. Kleine Aufmerksamkeiten 75
37. Frühstück im Bett 77
38. Gegenseitig Kleidung aussuchen 79
39. Paarfreunde suchen 81
40. Von der Arbeit abholen 83
41. Den inneren Schweinehund besiegen 85
42. Ein Fotoshooting machen 87
43. Ein Motto- Abend 89
44. Das Fotobuch 91
45. Mondscheinspaziergang 93
46. Das 3-Gänge-Menü 95
47. Im Buchladen 97
48. Die Schnitzeljagd 99
49. Das Liebesschloss 101
50. Malt das Leben 103
51. Zelten 105
52. Euch als Paar feiern 106

Einleitung

„Liebe ist nicht das was man erwartet zu bekommen, sondern das was man bereit ist zu geben.“

-KATHARINE HEPBURN

Verliebt zu sein, ist eines der schönsten Gefühle der Welt. Ihr fühlt euch glücklich, frei und unbesiegbar. Gemeinsam mit dem Partner werden Zukunftspläne geschmiedet, ihr führt tiefsinnige Gespräche über den Sinn des Lebens und jeder Tag wird zusammen aufs Neue unvergesslich gestaltet. Liebevolle Nachrichten erscheinen auf dem Display des Smartphones und bei stundenlangen Waldspaziergängen lernt man immer wieder neue Facetten des Partners kennen und lieben.

Die Beziehung zueinander festigt sich und schleichend kehrt mit jedem vergangenen Tag mehr und mehr der Alltag ein.

In einem Strudel aus Arbeit, Haushalt und Verpflichtungen verblasst das Rosarot der anfänglichen Zeit in der Beziehung. Und dann gibt es immer häufiger Abende, an denen ihr auf dem Sofa sitzt und jeder in sein Smartphone vertieft ist.

Was den anderen wirklich bewegt, weiß man schon lang nicht mehr. Und irgendwie gibt man sich auch keine Mühe, das zu ändern. Sei es aus Bequemlichkeit oder vielleicht sogar auch aus Frust, weil schon wieder Socken auf dem Boden liegen.

So oder so ähnlich geht es vielen Paaren, die eine langjährige Beziehung führen. Und obwohl es normal ist, ist es doch auch irgendwie unbefriedigend.

Wünscht ihr euch wieder mehr Tiefgang, mehr Vertrautheit und wieder mehr Leichtigkeit im gemeinsamen Miteinander?

Dann habt ihr vielleicht schon erkannt, dass das nicht von allein passiert. Ihr müsst aktiv etwas dafür tun.

Mit diesem Buch habt ihr die Möglichkeit über 52 Wochen lang eure Beziehung ganz bewusst zu gestalten. Verpflichtet euch gegenseitig dazu, diese Chance wahrzunehmen.

Es wird sich lohnen.

52 Wochen für die Liebe

Diese Paar-Challenge ist so gestaltet, dass sich alles entweder kostenlos oder mit geringem finanziellen Einsatz umsetzen lässt.

Ihr müsst bei der Umsetzung auch nicht chronologisch vorgehen, sondern könnt für jede Woche die Challenge wählen, die gerade am besten passt.

1. Back to the roots

Wo habt ihr euer erstes Date verbracht? War es ein bestimmtes Restaurant? War es ein Spaziergang im Park? War es ein Besuch im Kino?

Geht gemeinsam an den Ort eures ersten Dates. Macht genau das, was ihr auch damals gemacht habt: bestellt dieselben Gerichte und Getränke, geht in den gleichen Kinosaal und wählt die gleichen Sitzplätze aus. Lauft die gleichen Wege im Park entlang.
Zieht die Kleidung von damals an, wenn der Kleiderschrank es noch hergibt.

Erzählt euch gegenseitig während des Dates, wie ihr euch damals gefühlt habt, welche Gedanken ihr hattet, wie euer Eindruck vom Partner damals war. Welche Handlungen, Bewegungen oder Sätze sind euch besonders in Erinnerung geblieben?
Über all das könnt ihr sprechen. Erlebt gemeinsam noch ein Mal den Zauber des ersten Dates.

2. Gemeinsame Erinnerungen

Sucht alle Dinge zusammen, die euch dabei helfen, gemeinsame Erinnerungen wieder lebendig zu machen. Das können Fotos sein, Flugtickets von gemeinsamen Reisen, Eintrittskarten zu Konzerten, Geschenke zur Hochzeit oder Nachrichten von damals.

Nehmt euch einen Abend in der Woche bewusst Zeit, euch diese Dinge anzuschauen. Überlegt bei jeder Erinnerung: wann war das? Wer war dabei? Was war besonders einprägsam oder lustig? Wie war das Wetter und wie waren eure Gefühle an dem Tag?

Euch wird so bewusst, was ihr schon alles gemeinsam erlebt und durchgestanden habt.

3. Ein Spaziergang im Wald

Verabredet euch zu einem Spaziergang im Wald.
Ein Wald ist der ideale Ort für einen romantischen Spaziergang, der euch bewusst in die Kommunikation bringt. Im Wald begegnet ihr in der Regel nur wenigen Menschen. Darüber hinaus gibt es keine störenden Geräusche oder ablenkenden Dinge. Dies ist die ideale Basis für tiefgründige Gespräche.

Lauft gemeinsam die Waldwege entlang und lasst dabei dynamische Gespräche entstehen. Ihr könnt darüber sprechen, wie es euch wirklich diese Woche geht, was euch privat oder beruflich besonders bewegt habt oder wie ihr euch die gemeinsame Zukunft vorstellt.

Habt keine Angst vor diesen Gesprächen, auch wenn ihr schon lang nicht mehr so intensiv miteinander geredet habt.

4. Der Liebesbrief

Die Challenge in dieser Woche lautet: Schreibt euch gegenseitig einen Liebesbrief. Der Brief wird handschriftlich verfasst und sollte nicht mehr als eine DIN A 4 Seite umfassen.

Schreibt in diesen Brief, was ihr am anderen besonders schätzt: ist es seine/ ihre Spontanität, die Gelassenheit mit Problemen umzugehen?
Was findet ihr besonders attraktiv am anderen? Sind es die sinnlichen Lippen oder die großen, starken Hände?
Was kann euer Partner besonders gut? Sind es handwerkliche Dinge oder herausragende Kochkünste?

Schreibt alles auf, was euch in euren Augen wichtig erscheint. Nehmt euch an einem Abend in dieser Woche bewusst die Zeit, euch gegenseitig die Briefe zu überreichen und diese anschließend zu lesen.

5. Date zu Hause

In dieser Woche solltet ihr euch einen Abend bewusst Zeit nehmen, ein Date zu Hause zu organisieren. Dabei ist es wichtig, dass ihr etwas gemeinsam macht, was sonst nicht zu eurem abendlichen Standardprogramm gehört. Sitzt ihr beispielsweise abends gerne auf dem Sofa und schaut fern, dann solltet ihr euch für diesen Abend etwas anderes vornehmen. Ihr könntet gemeinsam ein Bad nehmen oder gemeinsam kochen. Es darf auch gerne originell sein. Ihr könnten gemeinsam Sushi rollen oder aber auch Cocktails mixen.

Dadurch, dass ihr etwas zu Hause unternehmt, was nicht zu eurem gewöhnlichen Programm gehört, entsteht ein Gefühl der Aufgeregtheit und Vorfreude. Dies kann zu einer ganz neuen Beziehungs- und Kommunikationsdynamik in den eigenen vier Wänden führen.

6. E-Mail für dich

Die Challenge dieser Woche besteht darin, euch jeden Tag gegenseitig liebe Nachrichten zu schreiben, wenn ihr getrennt voneinander unterwegs seid.

Schreibt euch SMS, WhatsApp- Nachrichten oder E-Mails. Dabei reicht schon ein kurzes: „Ich denk an dich!“

Achtet darauf, dass Diskussionen oder wichtige organisatorische Dinge auf die Zeit verlegt wird, in der ihr direkt miteinander sprechen könnt. In den Nachrichten geht es nur darum, sich gegenseitig wertzuschätzen.

7. Digital Detox

An einem Abend in dieser Woche bleiben alle Geräte aus: der Fernseher, die Smartphones, der Computer.

So könnt ihr die Zeit bewusst nutzen und euch ohne Ablenkung aufeinander konzentrieren.

Spielt ein Brettspiel, geht spazieren oder ladet Freunde ein.

Auch wenn es sich im ersten Moment ungewohnt anfühlt und es so scheint, als würde man euch etwas wegnehmen, so ist die Zeit ohne Medien grundsätzlich mehr Bereicherung als Verzicht. Es bringt euch dazu, euch auf das Hier und Jetzt zu besinnen und achtsam den gemeinsamen Moment zu erleben.

8. Das Lieblingshobby

Er geht gern zum Fußball, sie geht gern zum Tanzen? Begleitet euch diese Woche gegenseitig zu euren Hobbies und lasst euch vom jeweils anderen erklären, warum gerade dieses Hobby das beste der Welt ist.

Dadurch wächst das Verständnis füreinander und ein Gefühl der Wertschätzung entsteht. Auch wenn ihr zu Beginn der Beziehung schon mal das Hobby des anderen kennengelernt habt, so ist es wichtig, dass diese Challenge trotzdem in dieser Woche wiederholt wird. Der Blickwinkel wird sich mit der Zeit verändert haben.

9. Die Massage

An einem Abend in dieser Woche wird es körperlich. Ihr macht es euch zuhause gemütlich und massiert euch gegenseitig. Und zwar dort, wo der Partner es wünscht.

Es ist schön, sich wieder richtig zu spüren und sich bewusst Zeit für den Körperkontakt zu nehmen. Das festigt die Bindung zueinander und Glückshormone strömen durch den Körper.

Erzählt euch währenddessen gern, was ihr am jeweils anderen besonders attraktiv findet. So kommt eine sinnliche Stimmung auf.

10. Zusammen ins Bett

Sie schläft schon längst, während er noch auf dem Sofa sitzt und fernsieht? In dieser Woche solltet ihr euch vornehmen, jeden Tag gemeinsam ins Bett zu gehen. Findet einen Kompromiss bezüglich der Uhrzeit.
Und wenn ihr es nicht an jedem Abend schafft, so versucht es an mindestens drei Abenden in dieser Woche.

Ihr stärkt so erneut die Verbundenheit zueinander. Vielleicht werden auch nochmal Zärtlichkeiten oder liebe Worte miteinander ausgetauscht, die sonst nicht passiert wären.

11. Das Aufgeschobene

Jeder kennt es und jeder hat es: Dinge, die schon längst erledigt sein sollten, die man aber immer wieder aufschiebt. Sei es ein kaputtes Autoradio oder eine leere Batterie in der Lieblingsuhr.

Erledigt in dieser Woche für den Partner eine dieser unliebsamen Aufgaben.

Er wird sich sehr darüber freuen und das Gefühl der Wertschätzung und der Unterstützung ist mehr wert als jedes Geld der Welt.

12. Das Team

Diese Woche steht ganz im Zeichen des Teams. Führt eine Aktivität durch, bei der ihr nicht gegeneinander antretet, sondern bei der man nur im Team zum Ziel kommt.

Das kann beispielsweise klettern sein, wenn ihr euch gegenseitig sichern müsst oder aber auch rudern. Beim Rudern ist es ebenfalls wichtig, dass man zusammenarbeitet, da man sonst nicht ans Ziel kommt.

Auch alle anderen Aktivitäten, bei denen ihr als Team auftritt, kommen in Frage. Eurer Phantasie sind keine Grenzen gesetzt.

Diese Woche zeigt euch, dass ihr euch aufeinander verlassen könnt. Und dieses Gefühl ist eines der schönsten der Welt.

13. Ohne Kritik

Begegnet euch diese Woche ohne Kritik. Denn Kritik ist meist nicht konstruktiv, sondern verletzt den anderen in aller Regel in seinen Gefühlen.

Beißt euch in dieser Woche auf die Zunge- auch dann, wenn der Müll falsch getrennt wird oder Socken auf dem Boden liegen.

Ihr werdet schnell merken, dass weniger Kritik sofort mehr Harmonie und Leichtigkeit in die Beziehung zaubern wird. Denn manchmal ist es wirklich so: „Reden ist Silber und Schweigen ist Gold."

14. Etwas erschaffen

Erschafft gemeinsam etwas. Eurer Phantasie sind keine Grenzen gesetzt. Wichtig ist nur, dass das Projekt von beiden umgesetzt wird.

Das kann beispielsweise ein selbst gebautes Vogelhaus für den Garten oder selbst gebastelte Teelichthalter sein.

Dieses gemeinsame Erschaffen bringt euch näher zusammen und stärkt die Verbundenheit.

15. Keine Termine

Nehmt euch an einem Tag in dieser Woche nichts vor. Mit nichts ist auch wirklich rein gar nichts gemeint. Es sollte weder eingekauft werden müssen, noch die Wäsche gewaschen werden. Für alle Erledigungen bleibt nach diesem Tag noch genug Zeit.

Lasst euch an diesem Tag, an dem es nichts zu tun gibt, treiben und entscheidet spontan, worauf ihr Lust habt.

Spontan und ganz ohne Druck entstehen die schönsten Momente.

16. Spontan sein

Die Challenge in dieser Woche lautet: spontan sein. Geht aus und sucht euch dafür etwas aus, dass ihr sonst nicht machen würdet.

Geht auf ein Konzert einer Band, die ihr sonst niemals hören würdet. Geht in die Oper oder auf eine Ü30- Party. Geht zu einem Fußballspiel oder auf das Sommerfest der örtlichen Feuerwehr.

Der Phantasie sind auch hier keine Grenzen gesetzt.
Was in eurer Stadt genau los ist, erfahrt ihr meist aus der Tageszeitung.

Diese Erfahrung erweitert euren Horizont und bleibt in Erinnerung.

17. Ziele setzen

Setzt euch ein gemeinsames Ziel für die Zukunft und versucht es als Team zu erreichen. Das Ziel kann dabei je nach euren Wünschen und Träumen ganz unterschiedlich aussehen.

Für den einen ist der Kauf einer Immobilie ein wichtiges Ziel und für den anderen vielleicht eine Weltreise.

Einigt euch auf ein Ziel und schreibt es auf. Überlegt euch auch, bis wann dieses Ziel erreicht werden soll und wie ihr es schaffen könntet.

18. Etwas Kreatives

Macht in dieser Woche etwas Kreatives. Fahrt in den Baumarkt und kauft euch Wandfarbe und gestaltet einen Raum neu. Oder kauft euch Gießbeton und gießt euch daraus schöne Blumentöpfe.

Auf Pinterest gibt es eine Menge kreativer Ideen für jeden Geschmack. Sucht euch eine Idee aus und setzt diese dann um.

Ihr werdet dabei nicht nur eine Menge Spaß haben, sondern erlebt auch mehr Verbundenheit.

19. Sozial sein

Macht in dieser Woche gemeinsam etwas Soziales. Das ist leichter und unkomplizierter als ihr denkt.

Ihr könntet beispielsweise im Wald Müll aufsammeln und diesen ordentlich entsorgen. Oder ihr geht in das örtliche Tierheim und leiht euch einen Hund zum Spazieren gehen aus.

Diese Aktion erfreut nicht nur Tiere und die Umwelt, sondern gibt euch ein gutes Gefühl. Eine klassische Win-Win-Situation.

20. Die eigene Stadt erkunden

Erkundet eure eigene Stadt in dieser Woche wie ein Tourist. Fragt euch dabei, welche Orte wären interessant für einen Touristen? Erstellt daraufhin einen Plan und klappert diese Orte ab.

Das können Museen sein, Parks oder Ausstellungen. Eine gute Seite zum Sammeln von Ideen ist Tripadvisor.

Ihr lernt euren Ort gemeinsam neu kennen und lieben und schafft so tolle Erinnerungen.

21. Kindheitserinnerungen

Teilt eure wichtigsten Kindheitserinnerungen in dieser Woche mit eurem Partner.

Besucht dazu Orte aus eurer Kindheit, zeigt ihm/ihr Fotos von Urlauben, Fotos aus der Schulzeit oder von Eltern und Geschwistern.
Erstellt eine Playlist mit euren Lieblingssongs von damals und schaut euch die schönsten Filme aus eurer Kindheit erneut an.

So kommt ihr euch wieder ein Stück näher und erfahrt etwas über die Zeit, in der ihr noch nicht die Nummer Eins für den jeweils anderen wart.

22. Ausspannen

In dieser Woche geht es darum, zusammen zu entspannen.

Geht zu einer Paarmassage oder in die Sauna. Besucht eine Yoga-Stunde oder einen Meditationskurs. Ihr findet mit Sicherheit etwas, an dem beide Freude haben.

Durch das gemeinsame Entspannen entsteht ein harmonisches Miteinander. Denn Stress ist der häufigsten Auslöser für Konflikte.

23. Sterne beobachten

Beobachtet gemeinsam die Sterne. Fahrt dazu zu einer Aussichtsplattform und wählt einen wolkenlosen Tag aus.

Sollte das Wetter in dieser Woche nicht mitspielen, weil es zu kalt oder zu bewölkt ist, so könnt ihr auch ein Planetarium besuchen.

Informiert euch vorher über die bedeutendsten Sternenbilder und versucht diese zusammen am Himmel ausfindig zu machen.

Die Größe des Universums lässt schnell eigene Probleme winzig erscheinen und ermöglicht es euch, euch auf das Wichtige im Leben zu besinnen.

24. Leben schaffen

In dieser Woche könnt ihr gemeinsam Leben schaffen. Falls ihr einen Garten oder einen Balkon habt, könntet ihr einen kleinen Baum pflanzen oder Tomaten hochziehen. Aber auch innerhalb der Wohnung lässt sich das Projekt leicht umsetzen.

Es tut gut, über Wochen zu beobachten, wie dieses gemeinsame Pflänzchen wächst und gedeiht und wie ihr dies mit Verantwortung für ein Leben geschafft habt.

25. Füreinander Bestellen

Die Challenge in dieser Woche lautet: bestellt im Restaurant gegenseitig eure Gerichte und Getränke.

Lasst dem Partner dabei wirklich die freie Wahl und testet so, wie gut ihr euch gegenseitig kennt und den Geschmack des jeweils anderen trefft.

Dabei werden mit Sicherheit lustige Situationen entstehen und ihr schafft eine wundervolle Erinnerung.

26. Für ein Sport-Event anmelden

Meldet euch in dieser Woche gemeinsam für ein Sport-Event an. Das kann ein Spendenlauf in eurer Stadt sein oder aber ein Hindernisparcours oder ein Yoga-Wochenende.

Dabei steht nicht die eigene Sportlichkeit bzw. Unsportlichkeit im Vordergrund, sondern dieses Ziel als Paar zu verwirklichen.

Das stärkt die Bindung und erweitert euren Horizont.

27. Rollentausch

Die Challenge in dieser Woche ist ein fiktiver Streit. Sucht euch ein Thema aus, welches bei euch oft ein großes Konfliktpotential hat. Spielt einen Streit zu diesem Thema nach.

Allerdings müsst ihr dieses Mal die Rollen tauschen und die Position des anderen in diesem Streit vertreten.

Was zunächst witzig klingt, dient dazu ein besseres Verständnis für die Gefühle des Partners zu gewinnen. Vielleicht erinnert ihr euch beim nächsten richtigen Streit an diese Situation zurück und könnt den Konflikt schneller lösen.

28. Für einen Kurs anmelden

Meldet euch gemeinsam für einen Kurs an. Erlernt etwas Neues. Das kann ein Kochkurs sein, ein Kurs zum Erlernen einer Fremdsprache, ein Fotografie-Kurs etc.

Meist bieten Volkshochschulen diese Kurse sehr günstig an.

So könnt ihr gemeinsam wachsen. Und wer weiß; vielleicht wird das euer neues gemeinsames Hobby.

29. Sexuelle Träume

Eine Beziehung ohne Sex ist für die meisten Paare nicht vorstellbar. Doch vor allem in langjährigen Beziehungen liegt der Hauptfokus nicht mehr auf gemeinsame Zeit im Bett. Und irgendwie schleicht sich die Routine ein. Der Ablauf ist immer ähnlich und vielleicht auch etwas langweilig.

Redet in dieser Woche über eure sexuellen Träume und Wünsche. Ganz offen und ehrlich. Findet einen Kompromiss daraus, der für beide vorstellbar ist und probiert es einfach mal aus.

Kommt euch so wieder ein Stück näher.

30. Rituale schaffen

Schafft eigene Rituale für eure Beziehung.

Das könnte der sonntägliche Spaziergang sein oder der Gute-Nacht-Kuss vor dem zu Bett gehen.

Der Vorteil von Ritualen ist, dass man durch die Macht der Gewohnheit nicht mehr daran denken muss und es automatisch in euer Leben integriert ist.

So hat man auch in stressigen Phasen gewisse Ankerpunkte, die Verlässlichkeit in die Beziehung bringen.

31. Ein Buch lesen

Entscheidet euch in dieser Woche für ein bestimmtes Buch, welches ihr beide lesen wollt. Nach dem Lesen dieses Buches tauscht ihr euch dann darüber aus.

Ihr werdet verwundert darüber sein, dass ihr, obwohl ihr dieselben Worte gelesen habt, ganz anders darüber denkt.

Ihr werdet viel Neues über euch und eure Sichtweisen erfahren und vielleicht auch ein ganz neues Verständnis für den Partner entwickeln.

32. Einen Serienmarathon starten

Sucht euch gemeinsam eine Serie aus und schaut sie euch gemütlich zuhause an. Dabei könnt ihr den ganzen Tag im Schlafanzug auf dem Sofa sitzen, Chips essen und tonnenweise Schokolade futtern.

Diese Challenge eignet sich besonders für Regentage. So hat man nicht mal ein schlechtes Gewissen, dass man das Haus nicht verlässt.

33. Eine Playlist zusammenstellen

Stellt euch eine Playlist mit euren Lieblingssongs zusammen und hört diese dann anschließend.

Erklärt euch dabei gegenseitig, warum diese Songs eure Lieblingssongs sind, woran ihr dabei denken müsst oder an welche Momente sie euch erinnern.

So kommt ihr euch in eurer Verbundenheit wieder ein Stück näher.

34. Der Trödelmarkt

Geht zusammen auf einen Trödelmarkt und kauft euch etwas Altes für eure Wohnung/ euer Haus.

Das ist nicht nur besonders nachhaltig, sondern steht symbolisch auch für Langlebigkeit.

Jedes Mal, wenn ihr das Objekt dann in eurer Wohnung/ eurem Haus sehen könnt, erinnert ihr euch daran als Symbol für eure Liebe.

35. Der Adrenalin-Kick

Macht in dieser Woche etwas, dass euch an eure Grenzen bringt. Das kann eine Achterbahnfahrt sein oder ein Fallschirmsprung.

Zum einen zerschlagt ihr so die Monotonie des Alltags und zum anderen stärkt es eure Verbundenheit, wenn ihr gemeinsam so eine Extremsituation durchgestanden habt.

36. Kleine Aufmerksamkeiten

In dieser Woche geht es darum, sich gegenseitig kleine Geschenke zu machen. Diese müssen gar nicht viel kosten, sondern sollen zeigen, dass ihr euch wirklich ernsthafte Gedanken dazu gemacht habt, womit ihr eurem Partner eine Freude bereiten könnt.

Das kann eine handgeschriebene Postkarte mit einem Gedicht sein oder aber auch eine Flasche des Lieblingsweins, welchen ihr gemeinsam auf dem Balkon trinken könnt.

Diese kleinen Dinge lassen euch gegenseitige Wertschätzung spüren.

37. Frühstück im Bett

Verbringt in dieser Woche einen Morgen ganz bewusst lang im Bett. Dabei könnt ihr frühstücken oder Kaffee trinken, euch gegenseitig von der Woche erzählen oder den nächsten Urlaub planen.

Dadurch, dass der Tag gemütlich für euch startet, erlebt ihr ein achtsames Miteinander.

Solltet ihr schon gemeinsame Kinder haben, so holt diese auch zu euch ins Bett. Sie lieben es, mit Mama und Papa zu kuscheln.

38. Gegenseitig Kleidung aussuchen

In dieser Woche könnt ihr gemeinsam ausgehen. Lasst dafür den Partner eure Kleidung aussuchen. Er erfreut sich vielleicht daran, wenn sie mal wieder ein Kleid trägt und sie findet, das karierte Hemd könnte ruhig öfter mal getragen werden.

An diesem Tag darf man den Partner so anziehen, wie man es sich wünscht.

Vielleicht kommt so auch die ein oder andere witzige Situation zustande, wenn die Kleidungskombination so gar nicht dem entspricht, was man selbst tragen würde.

39. Paarfreunde suchen

Verbringt einen Abend in dieser Woche mit einem anderen befreundeten Paar. Wenn ihr keine befreundeten Pärchen kennt, dann verabredet euch mit einer lieben Arbeitskollegin oder dem netten Nachbar, der seinen Partner mitbringt.

Dieser Paarabend stärkt eure Beziehung, weil ihr nach außen hin als Paar wahrgenommen werdet. An dem Abend seid ihr eine Einheit und das strahlt ihr auch aus.

40. Von der Arbeit abholen

Holt euch in dieser Woche auch mal gegenseitig von der Arbeit ab und lauft bzw. fahrt gemeinsam nach Hause.

Nach einem anstrengenden Arbeitstag kann es unheimlich entspannend sein, sich bereits auf dem Rückweg mit dem Partner auszutauschen und vermittelt ein Gefühl der Wertschätzung füreinander.

41. Den inneren Schweinehund besiegen

Du würdest gerne abnehmen? Sie würde gerne mehr Sport machen? Prima- dann besiegt gemeinsam euren inneren Schweinehund.

Motiviert euch gegenseitig und haltet eure Erfolge fest.

Gemeinsam lassen Ziele viel leichter erreichen.
Sucht euch in dieser Woche je ein Ziel aus und schreibt es auf. Dadurch wird es verbindlich.

42. Ein Fotoshooting machen

Macht schöne Fotos von euch. Geht zu einem professionellen Fotografen oder falls das Budget knapp ist, macht eure Fotos selbst.
Das geht wunderbar mit einer Kamera oder dem Handy per Selbstauslöser.

Nehmt das für euch schönste Bild und hängt oder stellt es bei euch zu Hause auf. So habt ihr eine wundervolle Erinnerung selbst geschaffen.

43. Ein Motto- Abend

In dieser Woche geht es um ein ungewöhnliches Date zu Hause. Dieses Date sollte unter einem bestimmten Motto stehen. Das kann beispielsweise das Motto „90er Jahre“ sein.

Kleidet euch dann entsprechend, sucht die passende Musik dazu raus oder schaut Filme aus dieser Zeit. Gibt es etwas Besonderes, was ihr damals gern getrunken oder gegessen habt? Dann besorgt euch das.

Dieser Motto- Abend bringt wieder etwas mehr Leichtigkeit in euren Alltag.

44. Das Fotobuch

Erstellt in dieser Woche gemeinsam ein Fotobuch eurer schönsten Momente. Durch das Aussuchen und Betrachten der Fotos, erlebt ihr diese tollsten Momente eurer Beziehung ein weiteres Mal.

Dadurch hebt ihr die positiven Seiten eurer Beziehung besonders hervor und zeigt euch, dass sie es immer wieder wert ist, daran zu arbeiten.

45. Mondscheinspaziergang

Ein Spaziergang nachts bei Mondschein eignet sich besonders gut für tiefe Gespräche.

Nutzt dazu am besten Feldwege abseits von Straßen, um nicht von Lärm und künstlichem Licht gestört zu werden.

Außerdem lassen sich so Mond und Sterne viel besser beobachten.

Sprecht auch mal über Themen, die besonders wichtig für euch und eure Beziehung sind.

46. Das 3-Gänge-Menü

Stellt euer 3-Gänge-Menü in eurer Stadt selbst zusammen. Nehmt einen Aperitif in einer angesagten Bar ein. Geht danach in ein tolles Restaurant für den Hauptgang und für das Dessert in die beste Eisdiele der Stadt.

Dadurch, dass ihr verschiedene Lokalitäten besucht, erlebt ihr das Essen viel bewusster und achtsamer. Es wird auch gleich viel aufregender, da in jedem Lokal eine andere Atmosphäre herrscht.

47. Im Buchladen

Stöbert gemeinsam in einem Buchladen und sucht jeweils ein Buch für den anderen aus.

Erklärt euch dann gegenseitig, warum ihr gerade dieses Buch ausgesucht habt und was ihr davon erwartet. Beginnt dann zu Hause damit, es zu lesen und tauscht euch hinterher darüber aus.

Hat euer Partner die richtige Wahl getroffen? Diese Challenge ist in jedem Fall spannend.

48. Die Schnitzeljagd

Bereitet euch gegenseitig eine kleine romantische Schnitzeljagd vor. Überlegt euch kleine Aufgaben, die eurer Partner an Orten lösen muss, die besonders wichtig in eurer Beziehung sind.

Diese kleinen Abenteuer halten die Beziehung aufregend.

49. Das Liebesschloss

Kauft euch ein Vorhängeschloss und lasst dort eure Namen eingravieren. Sucht euch dann einen besonderen Ort aus. An diesem Ort könnt ihr euer Vorhängeschloss anbringen. Dies kann eine Brücke oder ein Zaun sein. Entsorgt danach die Schlüssel für dieses Schloss.

Es dient dann als Symbol für eure Liebe, die ewig halten soll. Gerne könnt ihr diesen Ort immer wieder aufsuchen und schauen, ob euer Schloss dort noch hängt.

50. Malt das Leben

In dieser Woche dürft ihr wieder kreativ werden. Nutzt dafür einen Tag in der Woche, an dem ihr gemeinsam etwas malt.

Ihr sollt euer Leben in 20 Jahren malen. Wo lebt ihr? Wer gehört zu eurer Familie?

Malt so, dass der Partner zunächst nicht sehen kann, was ihr gerade malt.

Stellt euch hinterher das fertige Werk vor und erklärt es euch gegenseitig.

51. Zelten

Die Challenge dieser Woche lautet: zelten!

Dabei spielen das Wetter und der Ort keine Rolle, denn ihr könnt das Zelt sogar im Wohnzimmer aufstellen.

Wer einen eigenen Garten hat oder im Sommer an einem See zelten mag, kann dies natürlich auch tun.

Auch für Kinder ist das ein unglaublicher Spaß, wenn sie im Zelt neben euch übernachten dürfen.

52. Euch als Paar feiern

Sucht euch einen Tag im Jahr aus und feiert eure Beziehung. Das kann euer Kennenlerntag oder euer Hochzeitstag sein, aber auch jeder andere beliebige Tag.

Plant diesen Tag ganz bewusst nach euren Wünschen und lasst nichts dazwischen kommen.

Denn „alles, worauf die Liebe wartet, ist die Gelegenheit.“

1. Auflage

Kontakt: Mary-Anne Winkler
c/o Block Services
Stuttgarter Straße 106
70736 Fellbach

Printed in Germany
by Amazon Distribution
GmbH, Leipzig

29467303R00066